살며 살며

홍정애 산문집

오비올프레스

책을 내며

 예전 어른들 말씀에 내 살아온 이야기를 쓰면 소설 열두 권도 모자란다고 하던 이야기가 생각납니다. 소작농의 칠 남매 중 셋째로 부실하게 태어나, 성인이 되고 어른으로 살아가며 마음 길에 가르마가 필요할 때마다 아버지의 말씀들은 나에게 가장 큰 언덕이고 지지대였으며 가슴이 되어 주었습니다.

 열네 살 어린 나이에 서울살이 신길동을 시작으로 스무살 청량리까지 얼마나 손을 많이 썼는지, 스무살 아가씨가 지문이 다 닳아 없어져서 주민등록증 만드는 일이 무척 어려웠습니다 월급 떼이는 일도 원래 그런 건 줄 알던 시절, 새벽반 검정고시, 봉제 공장 사장, 비디오 대여점 운영, 주 야간 직장 살이, 지금은 대학생이고 어느새 환갑입니다 사업의 실패와 성공 뒤에는 걸프전과 IMF라는 특수한 상황 때문에 내 의지와 상관없이 인생 파도를 맞이하기도 했습니다. 그런저런 실패를 겪고 헤쳐 나오기를 반복하는 동안에도 아이들은 자라고 어른도 성장합니다. 베이비 부머 시대의 끝자락 소작농의 딸로 태어난 조그맣던 어린아이도 그랬습니다. 서울 객지에서 그만그만한 장남 타이틀을 단 남자를 만나고 현명한 큰며느리로 엄마로 아내로 잘 살아 내 보겠다고 흘린 수많은 눈물로 여기까지 왔습니다. 이제 남의 집 귀한 아들 셋이 나를 장모님이라고 어머니라고 부릅니다. 가까이, 멀리, 멀리, 가까이 잘 지내기가 필요하다고 생각 합니다.

늘 마음 길 가르마가 필요한 것이 인생 항로인 것 같습니다. 성공을 위해서 발전을 위해서 사람 간의 길의 다름을 받아들여야 할 때 어떤 언어로 마음 길 가르마를 탈 것 인가를 늘 질문하며 삽니다. 혹여 어느 한 페이지 어느 한줄 글 속에 작게라도 도움이 되셨으면 감사하겠습니다. 그리고 이 책을 낼 수 있도록 정말 많은 시간 정성을 기꺼이 내어준 홍정임 언니에게 감사를 표합니다

추천의 글

 오래된 골목길을 걸을 때 우리는 삶의 진짜 온기를 만납니다. 홍정애의 첫 산문집 [살며 살며] 는 그 길에 피어난 조용한 꽃이며 또 때로는 마당 한 켠에 놓인 커다란 가마솥처럼 푸근하고 따뜻한 이야기의 장 입니다、

 작가의 글은 진솔한 삶 그 자체입니다、
 콩나물, 두부, 오뎅을 외상으로 사며 살았던 청량리 자취방 시절부터 국자 속 퉁퉁 불어 큰 오뎅 하나를 내밀던 토스트 아줌마, 순댓국집과 쌀집 연탄집 사장님까지 다정한 마음들이 작가의 기억 속에 살아있습니다.
 이 산문집은 과거의 회상으로만 머무르지 않습니다.
 가마솥에 옥수수 한 솥 삶고 닭발을 안주 삼아 웃고 떠드는 지금의 시골 마당에서 나누는 그 모든 순간이 시가 됩니다. 시인의 말 한마디 웃음 한 줄기 속엔 살아있는 말맛과 시대가 점점 잊어가는 공동체의 향기가 묻어납니다.

홍정애 작가는 어느덧 예순한 살
 다 늦게 대학 강당에 앉았지만 꾹꾹 눌러쓴 그의 글은 이미 오래전부터 한 편의 시였습니다. 가난과 외로움을 지나면서도 그 속에서 사람을 기억하고 지나온 인연들을 소중히 간직하고 이야기를 삶으로 품어내는 그의 글은 그리움과 웃음이 함께 있는 깊은 위로로 다가옵니다.
 저는 강단에서 홍정애 작가를 만났지만 그녀의 삶과 글을 통해 더 많이 배우고 있습니다. 진실한 문장, 다정한 시선, 소박하지만 단단한 마음. 그 모든 것이 이 산문집을 더욱 귀하게 만듭니다. [살며 살며]는 인생을 알알이 살아 낸 이의 문장이자 지금도 살고 있는 이의 목소리이며 앞으로도 살아갈 사람들에게 전하는 따뜻한 응원입니다.
 삶을 사랑하고 사람을 기억하고 싶은 모든 이에게 홍정애의 [살며 살며]를 진심으로 권해 드립니다
2025년 9월

    강동대학교 ESG창업경영학과 박서진

꽃고무신과 뗏사공 아버지

동강 줄기 섭세에 사는 우리는 나룻배를 타고 강 건너 거운 국민학교를 다녔다. 집으로 돌아오는 길 바람도 좋고 어제 새로 산 꽃신도 좋아 배 난간에 앉아 발 한쪽을 물속에 담그고 노래를 부르다 꽃신이 벗겨져 물속으로 들어갔다.
아버지 꽃신이 물속에 빠졌어요 잉~잉
아버지는 2미터 장대를 들고 강으로 갔으나 딸래미의 꽃신을 못 찾았다.
장에 갔다 온 엄마 보따리에 신발이 안 보인다.
내 신발은?
신발 장수가 안 나왔더라 신발 장수가 아프다더라 신발 장수가 큰집에 갔다더라 신발 장수는 왜 맨날 맨날 안 오는 거야 잉~잉
한참을 지나 엄마가 꽃신을 사 왔다. 꽃신을 가슴에 꼭 품고 잠이 들었다.

큰마차

오늘은 학교 끝나고 외가에 들려 막내이모 손잡고 오너라
작은마차서 큰마차까지 가도 가도 오솔길
소나무 가지들이 손 맞닿아 있는 이 길을 내 동생 영래랑 어떻게 다니지
걱정이 되고 무서운 마음으로 집에 도착했는데
방은 좁고 안채 바깥채 추녀는 맞닿아 놀 수도 없을 것 같고
책 보따리를 확 내던지고 엉엉 울었다 왜 이런 골짜기까지 왔냐고
학교는 어떻게 다니느냐고
영래는 어떻게 데리고 다니느냐고

해가 바뀌고 아버지는 초가지붕을 슬레이트 지붕으로
바깥채는 밖으로 내서 새로 짓고
또 해가 바뀌고 영래 정숙이 나 셋이

학교 다녀오겠습니다
앞산 넘어가는 우리를 손 흔들어
잘 갔다 오그라
늦두룩 놀지 말고 오니라

큰 마차에서 우린 배 안 곯고 잘 자랐다

새마을 운동

삼일절에 태극기를 달았다.
나는 노래를 불렀고 엄마 아버지도
노래를 부르는 나를 보시고 호탕하게 웃으셨다.
새벽종이 울렸네. 새 아침이 밝았네. /너도나도 일어나 새마을을 가꾸세.
초가집도 없애고 마을 길도 넓히고 /푸른 동산 만들어 알뜰살뜰 다듬세.
살기좋은 내 마을 우리 힘으로 만드세
아버지는 큰마차로 가서 반장이 되고 4H 지도자가 되었다. 동네 아저씨들과 초가지붕을 갈아 슬레이트 지붕이 되었다.
안채와 바깥채가 거의 붙어 지게가 지나기도 어려운 마당이 바깥채를 밖으로 쭉 빼서 다시 지어서 마당이 넓어졌다. 우리는 그 마당에서 제기 차고 공기놀이 고무줄놀이 강강술래 숨바꼭질 배드민턴도 하고....
행복한 새마을 운동이었다.

병아리 배달 사고

학교 끝나고 느릅재를 넘으면 외갓집이 있다. 외할머니집 밥솥에는 늘 흰쌀밥과 화롯불 삼발이 위에는 부추를 넣어 끓인 된장국이 있었다. 어린 외손자들 집에 가다 배고프면 먹고 가라고 학교 갈 때는 엄마가 외할머니 갖다 드리라고, 끝나고 집에 올 때는 할머니가 엄마 주라고, 그날은 할머니가 스무 마리쯤 되는 병아리를 비료 포대에 넣어줬다. 회꼬빼기 재를 다 넘어가는데 병아리들이 비료 포대에 담겨 삐약삐약 울고 난리가 났다. 목이 말라 그런가보다 싶었다. 꺼내 놨다간 다 놓칠까 봐 고무신 벗어 옹달샘 물을 비료 포대 안에 부어 줬다. 병아리가 물을 먹고 신났다. 조용하다.
아 잠들었구나! 엄마 병아리 가져 왔어. 엄마가 들여다보더니 야이야 병아리는 날개 젖으면 죽어 우투하나 다 죽었다. 에이고 그날 배민은 사고 배달이 되었다

코피 나게 패줬다

국민학교 2학년쯤, 쉬는 시간 종이 땡땡땡 치면 우리는 운동장으로 튀어 나갔다. 동강 가 동그란 작은 돌들을 자산으로 삼사백 개씩 모아 서너 명씩 두 팀 세팀 만들어 이기면 가져오고 지면 내주는 빚공기 놀이를 한다. 땡땡땡땡~ 하고 수업 종이 울리면 우리는 놀던 그대로 흙으로 덮어 놓고 들어갔다가 쉬는 시간이 되면 다시 놀곤 했다.

어느 날 같은 반 영근이가 우리 공깃돌들을 학교 변소에 버렸다. 지난번 고무줄을 끊어버린 것도 화가 났는데 이번에 참을 수가 없었다. 교실에 들어가서 코피가 나도록 패줬다. 영근이는 양호실로 가고 나는 복도에서 두 손 들고 벌을 섰다.
어스름 저녁에 식구들 저녁을 먹는데 영근이 엄마가 찾아 왔다. 지즈바가 머슴아를 패느냐고. 영근이가 제 엄마 치마 뒤에 숨어 있었다.

엄마는 미안하다 했다. 영근이와 영근이 엄마가 집으로 갔다.
자초지종을 알게 된 엄마는 방에 들어와서 나를 한참 보더니
앞으로는 다른 아들도 그래 패지는 말어. 우리 정애 그래도 괴짜네.
머스마들한테 맞지 않고 들어오는 기!
그 뒤로 나는 애들을 그래 패 주지 않았다.

팔각 성냥통

아동복 바지 공장 추석 대목 맞이
아침 먹고 박카스 먹고 작업 시작
점심 먹고 박카스 먹고 작업 중간 마무리
저녁 먹고 박카스 먹고 하루 주문 생산 마무리
그때부터 남대문시장으로 나갈 물건 실밥 따고
또또사 또또 치고 시야게사 공장용 다리미로 슉슉 스팀 뿜어 다리미질 하고
5단 고미 맞추는 일은 열다섯 살 시다 몫
새벽 세시까지 토요일은 새벽 다섯시까지도
그렇게 한 달쯤, 열다섯 어린 시다가 쪽가위로 실밥 따다 깜빡 졸았다
별이 번쩍
팔각 성냥통이 날아와 이마에 피가 나고
눈물이 왈칵

재단사 아저씨 사과하세요
말로 하면 되지
난 부모한테도 안 맞고 컸어요
바락 바락 바락
끝내 사과를 받아냈다.

오만 원

한 달 내내 날이 새도록 일하고 오만 원 월급 받아 강원도 영월 기차 타고 간다. 연분홍 스웨터는 할머니, 새마을 담배 한 보루는 아버지, 고운 양장 투피스는 엄마, 표준전과 동아전과는 여동생들, 종합 과자 선물 세트는 막내 . 하루 다섯 번 오는 버스 정류장에서 공기놀이 고무줄놀이 하면서 서울 간 작은 언니 기다리는 동생들 생각하며 여섯 시간 걸려 서서 가는 중앙선 열차 오징어 땅콩 있어요~ 외치는 홍익 아저씨 비켜주며 졸며 졸며, 그래도 좋았다.

짜장면

생일이 지났다.

짜장면이 먹고 싶어 신당동 중앙시장에 갔다.

초록색 골덴바지 오른쪽 주머니에 돈을 넣고 만지작만지작, 300원 하는 짜장면을 혼자 들어가 사 먹을 용기가 없던 열다섯 살 아동복 바지 공장 시다는 짜장면을 못 사 먹고 왔다. 이번에는 꼭, 이번에는 꼭 하다가 보름 만에 그렇게 맛있는 짜장면을 먹고 세상 행복했다.

이틀이 지났다. 박정희 대통령이 서거하였다. 테레비가 온통 슬펐다. 공장장 재단사 시야게사 또또사 마도메사 오바사 사자 안 붙은 쫄따구 시다인 나까지, 신당동 공장 식구들 모두 슬펐다.

공일

아래층 미싱이 안 돌아 조용한 다락, 장미꽃 밍크 이불 반 접어 요 되고 이불 되어 단잠 들어 단꿈 꾸는데 구멍 난 슬레이트 지붕에서 하얀 목화솜 같은 눈이 이마에 내려 나를 깨운다.
공일이라 아무도 없다. 밥도 없다. 석유 곤로에 불피워 큰 노란 냄비에 밥하고 작은 노란 냄비에 삼양라면 하나 부숴서 찌개처럼 끓이면 반찬.
그래도 공일이 좋았다.

돌봄 경제

보편적 돌봄 경제시대가 됐다.

나도 청량리 자취 시절에 콩나물, 두부, 오뎅을 한 달짜리 외상으로 주시던 부식 집, 방앗간 벨트에 왼손 손가락 4개를 잃은, 신설동 고려학원 앞에서 국자속에 퉁퉁 불어 큼직해진 오뎅 하나를 슬쩍 담아 건네주던 토스트 아줌마, 일요일 목욕탕 다녀오며 먹던, 핫도그 팔던 포장마차 아줌마, 주말 오후 점심, 저녁을 한 번에 해결하고자 온 것을 미리 알고 계신 청량리 시장 순댓집 월급 타면 드린다고 하면 언제든지 말만 하라고 해주시던 쌀집, 연탄집 사장님들 그때 그것이 보편적 돌봄이었다는 것을, 나에게도 이미 사십 년 전에 있었다는 것을 오늘 최지혜교수님 강의를 들으면서 돌아보게 되었다.

오야와 박카스

봉제공장 동갑내기 오야는 다른 봉제공장에서 오야를 하는 언니와 두 자매가 가정을 먹여 살리고 있었다. 객공 미싱사들은 시다와 일한 만큼 벌어 간다. 일머리가 있고 손 빠른 시다를 만나면 오야들 수입 차이가 두 배도 더 난다. 시다도 일 한 만큼 주면 좋은데 아무리 많이 해도 내 월급은 똑같았다. 1번 시다인 나는 12만 원 내 오야는 40만 원, 2번 시다는 12만 원 2번 오야는 30만 원

야! 오야! 옥상으로 올라와~
이거 하나 먹어! 박카스 뚜껑을 열어 줬다.
나 점심시간에 기술 배우려고 더 부지런히 하는데, 너 맨날 점심시간에 나가더라. 오야가 기술 안 가르쳐 줄 거면 난 내일부터 출근 안 할 거야.
알아서 해!

다음 날부터 북실 감고 북집에 북실 끼워 넣고 윗실 아랫실 끼는 순서 조시 맞추는 거 라벨 다는 거.
그로부터 5년후, 봉제공장 사장이 되었다.

책임 생산제

을지로 동화상가 몇 호인지도 기억 안 나는 사층
야 이 무식한 년아!
ABC도 모르냐?
라벨을 거꾸로 달어!
공장장 아저씨는 겨울 돕바를 둘둘 말아 2번 미싱사 언니에게 확 집어 던졌다. 빨갛게 바른 루즈가 묻었다. 2번 오야 언니가 돕바에 얼굴을 묻고 꺽꺽 울었다. 2번 시다도 A도 모르는 무식자였다.
의류 제품은 라벨 뒤에 미싱사 넘버를 써서 만든다.
책임 리콜제는 그때도 있었다.

펜팔

 열여섯의 서울살이 힘들던 영월 가시나와 고창서 서울 와 아홉 남매 맏잡이로 살던 스무살 머시마가 펜팔 몇 년.
구의역에서 어린이 대공원까지 손잡고 걸었다. 내가 스무 살이 되던 해 가을 코스모스 필 때 생일선물로 검정고시 책이 소포로 왔다. 중등과정 시험 같이 보자고.
고등과정도 같이 하자던 그 머시마는 그 해 중동으로 갔다. 다음 해 시험도 못 보고 아홉 남매 맏아들 더 잘해보겠다고.
그는 예순셋의 나이에도 맏잡이 잘하는가? 이 땅을 밟고 살고는 있을까? 그 선물로 내가 23학번이 될 수 있었던 건 아닐까!

공순아

동화상가 출근해 일을 하다 점심 먹고 잠깐 밖을 본다. 덕수상고 애들도 점심 먹고 동화상가 쪽을 본다. 멀리서 덕수상고 애들이 소리친다.
공순아 공순아
왜 이 새끼들아 ~~!! 공부나 열심히 해 이 돌대가리들아
우리도 꽥꽥 소리 질렀다.
사실은 교복이 부러웠다. 무지무지 입고 싶은 교복이었다.

NEW FRONTIER SHIP

팔십사 년 스무 살 팔월 새벽 다섯 시 사십 분.
신설동 고려학원 문상주 원장님이 칠판에 한 줄 글을 쓰고 흰 밑줄 쫙 그었다.
여러분 고려학원 새벽반 2년 다녀 중 고등 마치면 세상에 나가 못 할 것이 없습니다. 라고

처음에 팔백 명이 개강했다.
새벽 네 시 반, 태엽 시계가 따르릉 울면 눈 비벼 세수하고 어젯밤에 싼 도시락 들고 청량리역으로 뛴다. 다섯 시 십 일 분 기차를 타고 십팔 분에 신설동 하차, 이십오 분 학원 도착, 칠판 닦고 지우개 털고 자판기 커피 한잔 들고 앉으면 다섯 시 사십 분, 첫 수업 시간이다,
한 달 내내 새벽에, 격주로 두 번은 오전까지, 두 번은 오후 여섯 시까지,
피곤해서 하루 이틀 결석하던 친구들, 학원생이 날마다 줄어든다. 한 달 후

절반 또 절반 또 절반.

My name is Hong Jeong-ae.

I am a girl.

한 자 한 자 스펠링을 외우며, 일 년 후 마흔 명 시험 쳐서 스무 명 합격했다.

고등 과정도 마찬가지였다.

문상주 원장님, 늘 감사드리며 삽니다.

NEW FRONTIER SHIP!!!!!

질레 살래?

스물두 살 여자애가 스물세 살의 남자애와 쉰두 살의 예비 시아버지에게 머리 조아려 무릎 꿇고 첫인사를 드렸다. 절을 받은 예비 시아버지는 거푸 물었다.
너네 질레살래? 질레 살 수 있겠어?
둘 다 예라고 대답했고, 다음 해 추운 봄날 혼인을 했다.
그리고 삼십구 년, 시아버지는 구순이 되어 애기가 되었다. 그리고 그때는 질레살기가, 끝까지 같이 살기가 이리 어려운 줄 몰랐다.

*질레 살래?=쭉 같이 살래?

나 잡아 봐라

눈이 함박꽃처럼 쏟아지는 날 스물셋 충청도 남자가 스물두 살 여친을 따라 예비 장인 생신에 간다고 두 손 잡고 청량리역에서 출발하여 영월역에 내릴 때는 미처 몰랐다. 거운 올라가는 버스가 번재쯤 가서 눈이 쌓여 못간다고 내리란다. 번재서 삼옥 목골 섭사 거운까지 이십 리, 작은 마차 큰마차 산을 두개 넘어 십리길, 굽이굽이 꼬부라진 길에 소나무 가지들이 눈이 잔뜩 얹힌 가지를 늘어트리고 있다.

눈사람 두 개가 마주 보고 깔깔대며 신났다. 장난기가 발동하여 굽은 길 저쪽에 나지막한 소나무가 있는 것을 아는 나는 먼저 가서 눈이 쌓인 소나무 가지를 흔들어댔다. 눈덩이 던지고 맞추고 던지고 맞추고, 나 잡아 봐라 나 잡아 봐라 그리고 눈 위에 두 입술 길게, 다시는 볼 수 없는 그림

구공탄 사랑

계약한 신혼 방이 이사를 못 갔다고 옆방에서 일주일만 살아 달랬다. 고장 난 아궁이였다. 저녁 먹고 연탄불 구멍 아래위로 맞추어 갈고 빨리 타지 못하도록 불구멍 꼭꼭 틀어막고, 색동 요 이불 깔고 베개 두 개 나란히 누웠다. 저녁에 갈아놓은 연탄인데 방이 펄펄 끓었다

다음 날 아침
노란 냄비 하얀 쌀밥, 허여멀건 콩나물국 콩나물무침, 서로 마주 보며 쟁반상에 마주 앉아 둘이 키득 키득, 두 얼굴이 볼그레 볼그레 키득 키득

형수님 한번 해 봐요

다홍치마 노랑저고리를 곱게 입은 스물세 살 형수
중학교 3학년 고등학교 3학년 수줍음 많은 큰 도련님, 작은 도련님.
형수님 한번 불러 봐요, 아이 진짜 한번 불러 보라니까요. 형수님 불러주면 용돈 드릴게요.
두 도련님이 간신히 형수님 신혼여행 잘 다녀오세요를 하고 웃음보가 터졌다.

그리고 사십여 년 늘 우리 큰형수님 우리 큰형수님, 크고 작은 일 언제라도 내 편이 되어 준 두 서방님, 집안의 대소사 결정에도 우리는 큰형수님 된다면 다 된다고, 조카들 한결같이 이뻐해 주는 그 마음도, 처음 그 마음으로 여전하다.
도련님들 고마워요.

남대문 시장

골라! 골라! 잡아! 잡아!
짝! 짝! 짝! 짝! 손뼉 소리가 경쾌하다
아동용 스타킹 한개 3000원! 두개 5000원!
민지야. 엄마 꼭 잡고 있어. 알았지?
하얀색 노란색 두 개를 고르고 돌아보니 아이가 없다.
남대문이 떠나가도록 민지야 안민지
한 발짝도 뗄 수가 없었다. 아이가 그 자리로 올까 봐
엉엉 민지야 민지야
스타킹 판매 선반 맞은편에 딸이 보인다. 인파에 휩쓸려 밀리고 밀려 돌아와 있다. 업혀 얼른!
그날 집에 올 때까지 딸을 업고 다녔다.
다시는 잃지 않으리라

시장조사

서울살이 처음 할 때 수영이 엄마가 늘
정애야 너는 시장 어디다 한 평이라도 얻어 장사를 해! 넌 잘 할 수 있어!

가게 위치 조사하는데 한 달, 보증금 백만 원에 월 15만 원 네 평짜리, 간판도 없는 수선 가게를 차렸다. 손님이 없다. 세월이 쌓이면 일감도 쌓이겠지만 그저 기다리기엔 주머니가 바쁘다. 세 살짜리 큰딸을 업고 남양주에서 청량리를 지나 청계천 1가부터 9가까지, 오늘은 이쪽 방향 내일은 저쪽 방향

혼자 할 수 있는 거, 아이가 어린이집 갔다 오면 맞이할 수 있는 거, 나름 맹모 삼천지교 교육에 맞지 않는 거 제외, 자리 많이 차지하지 않는 거, 내가 다 하지 않아도 돈이 되는 거, 그렇게 시장조사를 마치고 상아비디오가 전문 브로커에 속아 사기 오픈이 되었다. 쓸만한 물건 몇 개 없는 600장 비디

오 테잎, 제품의 승부수가 필요해 200만원 일수도 빌렸다. 형부, 시어머니, 누구, 누구, 남의 돈이 1000, 일천구백구십 년도 남의 돈 천은 호랑이보다 무서웠다. 시간이 지나 구리 상호 신용금고에서 매일 받아가는 방법으로 대출을 받아 시작할 때 진 빚은 다 갚았다

오시는 손님 가시는 손님 그냥 지나가는 손님, 다른 가게서 빌려 가지고 가게 앞 지나는 손님, 누구라도 눈이 마주치면 어제인 듯 오늘인 듯 환하게 인사를 했다. 먼지 앉지 않도록 늘 청결하게 닦고 닦고, 백 개 스티커 붙이면 혜택 시스템 일, 이, 삼을 시행하고. 수선집, 상아비디오, 문화마당1호점, 2호점, 3호점까지, 십 년 세월이 행복할 수 있었던 건, 오로지 한 발 한 발 내 발품 팔아 시장조사를 했고 진심으로 손님에게 감사했기 때문이다.

따르릉~~ 네 문화마당 본점입니다.

목욕탕

일요일 아침 5시면 큰딸은 목욕 바구니 들고 둘째 딸은 엄마 한 손 잡고 막내딸은 엄마 등에 업혀서, 때 밀고 나면 엄마가 사주는 초코 우유 딸기우유 먹을 생각에 콧노래 부르며 발걸음 폴짝폴짝 뛰며 간다.
 두 언니들은 우유 하나씩 받아먹고 냉탕에서 놀고 있고 막내딸이 때를 미는 동안 사람들을 유심히 살피더니
 엄마 근데 왜 저 아줌마들 살은 흘러 내려와져 있어요?
 늙어서 그래
 근데 왜 엄마는 배가 세 개여요?
 애기를 낳아서 그래
 아하, 큰언니 작은언니 그리고 나를 낳아서 그렇구나. 이제 낳지 마

집

남양주 금곡동 신성아파트가 미분양 됐다는데 계약금이 없다. 고향 동생 성일이가 백만 원짜리 자기앞수표 두 장을 해 왔다.
누날 못 믿으면 누굴 믿어 누나네 아버지한테 우리 식구들은 늘 빚진 마음이 있어
미분양 아파트 뽑기 하던 날 열기는 하늘을 찔렀다. 성일이는 103동 603호 난 110동 103호, 1층이어서 어린 딸들이 집을 잘 찾을 것 같았다. 꿈인가 생신가 잠이 안 온다. 내가 아파트를 사다니. 시어머니는 이층 침대를 사 주고, 시집갈 때 장농 못해 줬다고 친정엄마는 10자 장농을 사 주었다.
여보 여보 너무 좋다 너무 좋지? 남편의 입꼬리 어깨도 신났다
기쁨도 잠시 몇 달 뒤 IMF가 왔다. 아파트값은 떨어지고 이자는 23프로를 넘어섰다. 14개월을 산 그 아파트를 헐값으로 팔고 내일이면 사는 시동생 사는 데 가서 기약 없는 신세를 져야 한다. 잠이 안 온다

인생은 미완성

국가적 위기 IMF에 나와 우리 식구도 송두리째 흔들리던 그 때가 있었다.
바닥으로 내려간 상황을 마주하지 못하고 있는 남편과 어린 세 딸들과 어찌 살아야 하나

*'인생은 미완성 쓰다가 만 편지 그래도 우리는 곱게 써가야 해 인생은 미완성 그리다 만 그림 그래도 우리는 곱게 그려야 해'
어쩌면 미완성이 될 것 같은 속마음을 삼킨 채 삼십 대 딸은 가늘게 노래 부른다.

 호미로 부추 텃밭 풀을 매던 엄마는 말한다.
 니 인생이 뭔 줄 아나?
 잘 모르겠어 기냥 어렵네 엄마

인생은 지저분 한기여. 살아봐라 온갖 지저분한 세월이 내 몸에 내 맘에 턱턱 디리 붙어서 띠 내고 싶어도 띠 내 지지도 않에. 그기 인생이여
환갑을 지난 엄마였다. 지저분한 이 꼴 저 꼴 보지 않으시려고 아직은 젊은 일흔세 살 온 세상이 연두연두 한 오월에 아주 멀리 가셨나 보다.

십오 년이 지나 다시 오월이 오고 있다.
인생은 미완성 그리다 만 그림 그래도 우리는 곱게 그려야 해

*인생은 미완성-이진관 노래

비다!!!

비~다-!!!
초등생 언니들이 비다! 하니
다섯 살 막내가 의자를 끌고 와 올라가서 까치발로 반지하 방 창문을 열고
해가 쨍한 밖을 보며
언니들 비 안 와!!!
큰소리로 마치 자기가 큰 진실을 알아낸 것처럼

두 언니들은 텔레비전 속의 춤추는 비를 보며
꺄아악!
꺄아악!
어려움을 같이 이겨낸 너무나 고마운 세딸들

김명선 순경님과 205번 버스

보문시장에서 떡볶이 파는 엄마가 보고파서 일곱 살 막내딸이 205번 버스를 탔다.
추석 대목 바쁜 경동 시장을 지나는 동안 아이는 잠이 들었다.
버스 혼자 태워 보냈다고 언니들이 전화로 혼났다.

한 시간이 지나도 두 시간이 지나도 아이는 오지 않았다.
보문 파출소 김명선 순경님이 애가 타들어 가는 엄마를 다독이며 보문동 순찰을 해 주었다.
영심이 아줌마 아직 어두워지지 않았으니
조금만 더 조금만 더

세 시간이 지났다.

엄마 많이 기다리셨지요?
엄마 가게 왔다가 갈 때랑 같은 곳이 보여서 내렸어요
아이는 청량리에서 홍은동까지 한 바퀴 돌아
보문사 역에서 내린 것이다.

다시는 혼자 오지 마!!
와락 끌어안고 울었다.
김명선 순경님도 같이 울었다.
직위도 모르는 내겐 그냥 김명선 순경님
세월이 흘러도 감사드립니다.

청량리 제1동 파출소

엄마가 주는 삼백원으론 오락기 앞에서 매번 아쉬운 일 학년 둘째
엄마지갑 고모지갑 처음엔 종아리 몇 대, 엄마 친구 지갑에도 손이, 액수도 점점 커지고, 애가 부서질까 매로는 안 되겠다 싶었다. 청량리 경찰서 앞 헌병에게 여기서 제일 무서운 경찰 아저씨좀 알려주세요…
아! 예~ 저쪽으로 가시면 청량리 제1동 파출소가 있습니다. 거기에 제일 무서운 분 계세요. 청량리 제1동 파출소 간판을 보더니 겁먹은 눈물이 주룩 주룩 엉엉
여기서 제일 무서운 아저씨가 누구예요?
쉰이 넘은 듯한 경찰이 씨이익 웃으며 제가 제일 무서운 사람입니다.
저는요 이 아이를 잘 못 키우겠으니 아저씨가 알아서 해 주세요.
제일 무서운 경찰 아저씨는 애 눈높이에 맞춰 앉아서 아이에게 질문을 한다.
너 이름이 뭐니?……

어머니! 제가 아이에게 다 물어 봤고 다 적어놨습니다. 그런일이 또 있으면 다음에는 아저씨가 잡으러 가기로 약속했으니 이젠 규칙을 잘 지킬 거예요. 애기 데려가세요.
이쁜 딸 잘 가서 공부 잘 해 알았지?
네~! 눈물 닦으며 잉잉 훌쩍 훌쩍

그 이후로는 엄마 이거 백원 써도 돼요?
그때 그 헌병, 그리고 제일로 무서운? 경찰 아저씨. 감사합니다.

홍정애 표 고들빼기김치 탄생

전화가 왔다
영월역에서 기차 소화물로 보냈다. 시간 맞춰 청량리역에 나가 찾아가서 안 서방 고들빼기김치 맛나게 해서 주그라. 엄마가 엄만하면 담어 보낼 텐데 문산 터널 공사 일꾼들 삼시 밥해주느라 시간이 안 돼서 캐기만 해서 주께. 아버지와 엄마가 밤새 다듬어 두 줄 나란히 싱싱하게 20킬로가 왔다.
어떡하지! 큰일이네. 한 번도 안 해봤는데, 엄마 어떻게 해?
일단 맑은 물에 우려내 한 이~삼일
엄마 양념 어떻게 해? 간장 달이고, 물엿, 뉴슈가, 파, 마늘, 통깨 이렇게 저렇게 남편이 장모님 솜씨랑 좀 마이 다르네 그런데 맛있어! 그 이후로 나는 매년 고들빼기 김치를 담가서 나눈다. 내 엄마 김영자씨 표는 홍정애 표가 되었다. 가을만 되면 내 솜씨를 기다린 사람들이 있다는 것에 배시시 웃는다.

봉래산 천문대

야야 니가 쪼매한 기 우떠 이래 큰 차를 끌고 왔나? 하이고 꽤짜네 하하하하 영월 시내 볼일 있는데 갈 수 있겠나?
갈 수 있징~~엄마 타!!
볼 일보고 돌아오는 길에 야야 니 저 봉래산 꼭대기 갈 수 있겠나? 저기 가서 확 내려다보면 속이 뻥 뚫릴 것 같애! 그래 가자 엄마
비포장 길 봉래산 천문대를 꼬불꼬불 올라 영월 시내를 쫘아악 보시더니
속이 시원하다. 가자. 언냐들 기다린다.

육십 대의 내 엄마는 홀로 속 태움이 무엇이었을까
지금 나는 어머니 따라 가섭산 꼭대기 가섭사 절로. 아버지가 사시는 동강으로. 서울 출 퇴근길 한강 옆으로 사는 일은 엄마나 나나.

나의 어머니

엄마를 잃어버린 날. 육개장 뜨는 게 담당이던 나, 열심히 육개장을 뜨다가 문득 엄마가 안 보인다는 게 실감이 안 나서 이모! 우리 엄마 어디 갔어? 그러게 자식이 일곱이고 짝꿍까지 열 넷이 엄마를 우터다가 잃어 뻔쟀나? 우린 엄마를 안 잃어 뻔쟀는데 엄마가 우리를 잃어 뻔재서 못 찾아오나 봐, 이이잉, 이이잉, 꿀꺽 꿀꺽 꺼이꺼이 그래도 느 엄마는 죽음 복을 타고난 사람이여! 이 꼴 저 꼴 안 보고 구급차 타고 영월 의료원 문턱을 넘기 전에 남편 품 안에서 돌아갔잖애. 너무 울지 마라! 느들 엄마 속상해서 먼 길 못 간다.
 13년 전 가을 텃밭에 가을배추 묶고 들어오시다 넘어져 수술 안 해도 된다고 약으로 해보자고 그 후로 걷지 못하는 6개월여 엄마는 아버지의 집안 살림을 가르치다가 과한 약 때문인지 급성 심근경색 수술 후 엿새 만에, 음성 품바 축제가 열리던 5월 26일 밤에, 막내한테서 전화가 왔다.
 그날 하늘에다 잃어버린 엄마를 가슴에 지주로 담고 산다.

사십구제

 십사 년 전 오 월 이십육 일 밤, 꽃피고 새소리 아름다운 날, 사흘 장례가 지나고 내가 느 엄마한테 해 주는 마지막 선물이여. 그러니 오고 수운 사람 오고 안 오구 수운 사람 안 와도 돼

비 내린 운중사 폭포수가 쩌러쩌렁 흘러내리고 엄마를 보내는 우리 앞에 엄마인 듯 한 보라 나비 두 마리가 일곱남매 일곱짝 열다섯 손주와 영감님 머리 위에서 돌다 돌다 날아갔다.
엄마 보고 싶다

엄마의 남편

엄마가 그토록 아끼고 애 끓이며 사랑했던 엄마의 신랑은 아내 없이 십삼 년
초등학교를 팔십구 세에 졸업하고 중학교 2학년, 같은 반 친구들과 많이
재미있다
아버지 뭐 해?
읍에 나와서 이쁜 아가씨들하고 차 한 잔 하고 있지
그 아가씨들은 몇 살이야? 팔십 좀 넘었지!
아버지한테 간다
이쁜 아가씨들하고 맛난 거 사 드세요
헬멧 쓰고 사발 오토바이 부릉부릉
멋있다
그래도 원도씨의 단 하나의 사랑은 영자씨인걸

내딸 민지에게

 아직도 내겐 어리기만 한데도 세상은 다 큰 나이라고 성인이라고 세상 밖에서 살아야 한다고 그러고, 그래도 어리기만 한 딸이 세상에 나아갈 즈음에 엄마가 몇 자 적어본다.

 생각해 보면 온통 미안한 것들뿐!
 엄마가 힘들어 세상에 빨리 나온 것,
 엄마 일 해야 되는데 안 자고 운다고 엉덩이 때린 것, 우유 잘 안 먹는다고, 일하는데 기어다니면서 먼지 주워 먹는다고, 미싱 발판 눌러서 바느질이 잘못된다고, 찡얼댄다고, 다리 아프다고 업어 달래는 걸 버릇 가르친다고 안 업어주고 네가 걸어올 때까지 파출소 뒤에 숨어서 보고 있었던 것, 집에 들어가기 싫어서 가게 앞에 서 있는 걸 억지로 들여보낸 것, 홍유릉에 놓고 온 것, 심부름 보냈더니 거스름돈 이백 원 쓴 것, 그리고 거짓말한 것, 신발주머니

잃어버렸다고, 오락기 앞에 있다고, 알림장 똑바로 안 적어온다고, 받아쓰기 잘못했다고, 동생들 밥 잘 안 챙겨 먹인다고, 밥 안 했다고, 물 끓이라고, 동생들 공부 안 가르친다고, 복지회관 안 간다고, 거짓말했다고,
 헤아릴 수도 없이 마음에 안 든다고 잘 가르치는 엄마인 양, 마음 아프게 했던 일이 아프구나!

생각해 보면 크게 작게 엄마 마음 아프게 한 적 없는 우리 큰딸, 부모로서 준비가 안 된 우리에게 하늘은 너무 큰 축복을 주셔서, 두서없이 키웠음에도 잘 자라준 내 딸! 부족한 모습을 너무 많이 보여주고, 또 아무리 해도 한계를 넘을 수 없는 부모의 그릇, 자리. 지금 돌아보니, 부모가 등대가 되어 준 것이 아니라 너희가 등대가 되어 주고 지킴이가 되어 주고, 지팡이가 되어 주고, 내가 산 것이 아니라 너희가 엄마를 살아 내게 해 준 것임을 이

제야 알고 감사히 생각해!
그리고 엄마의 모습, 아빠의 모습, 어느 부분 마음 아프게 한 것도 미안하고. 그것도 엄마의 부족함 때문이라는 생각이 들어!
엄마가 아이 셋과 완전 홀로서기는 어려운 경제 능력, 그리고 결혼하면서 부부가 아니 남자의 심리를 너무 모르고 공부도 안 하고, 못하고 해서 어떻게 해야 되는지를 너무 몰랐고, 근본적으로 남자는 다르다는 것, 남자를 아는 법, 태성, 심성, 근본 등 이런 것에 대해 우리 딸은 책도 좀 읽어보렴! 꼭 그리고 연애를 해보고 결혼해.
언제고 헤어질 수도 있다는 마음으로 잘해 주기도 해야 되지만, 마음 비우는 연습, 그러한 상황 등을 늘 염두에 두고 살아야 해. 엄마는 결혼하면 끝까지 꼭 살아야 하는 게 당연하고 부부는 당연히 거기에 초점을 맞추어야 해서 다른데 정신이 팔린다는 건 있으면 무조건 나쁜 사람, 이렇게만 생각했어.

언제든지 그럴 수도 있고, 그럴 때 과감히 보낼 수도 있어야 하는 건데, 내가 가지 못한다는 생각만 했어. 갈 능력이 없다는 생각, 미리미리 보내는 마음의 준비를 하고 살았으면 훨씬 더, 편하고 행복했을지도 모르는 것을. 여자로서 네가 누굴 좋아하더라도, 내가 어떻게 했는데 저럴 수는 없어, 이런 생각은 아무 의미가 없단다. 그럴 수도 있다는걸. 미리미리 마음의 준비를 해야 해. 그러면 더욱더 튼튼하고 예쁜 사랑이 생길 수도 있어. 언제든 홀로 설 수 있는 마음과 몸과 능력 있는 여자. 그래서 아름다운 여자 멋있는 여자가 되기 위해 대학 생활 예쁘게 잘하고 세상에 부끄럽지 않은 사회인으로 살아낼 줄 믿으며.

늘 부족한, 미안한, 그리고 진심으로 사랑하는 엄마가.

고맙다 딸, 사랑해. 살다 힘들 때 한 번쯤 읽어보면은 하는 마음으로.

2008년 3월 2일 아침 8시

승광재

승광재에서
의친왕의 열 번째 아들로 마지막 남으신 이석 황손님과
차 한잔에 소담소담 역사를 듣는다

몸과 마음의 태도가 참 바르시다
역시 왕손의 품위가 저절로 양손 조아리게 만든다

눈이 크고 마음도 크고 예쁜 근아씨와 인연이 되어
전주한옥마을 대표님의 안내로
승광재 하얀 베갯잇에
칠백 리 하루를 달려온 몸을 누인다.

축사

안녕하세요
오늘 축사를 드리게 된 신부엄마 홍정애입니다.
먼저 바쁜 일들 뒤로하시고 저희 둘째 사위 양현준과 둘째 딸 안민선의 결혼식을 축히해 주시고자 먼길 오셔서 이 자리를 빛내주시고 계신 하객 여러분께 진심으로 감사의 말씀 올립니다.

또한 아드님을 인물 좋고 품성 곱게 잘 길러 저희 가족으로 허락해 주신 사돈께도 감사드립니다. 사위 주변 친가 외가 친구와 초,중,고,대 동창들, 직장 선임, 후임, 동료들 포함한 모든 분들께 진심으로 또한 감사드립니다.

민선이를 늘 예뻐해시는 저희 시댁 형제 분들과 친정 아버지와 친정 형제들과 민선이의 초,중,고,대 그리고 청주성모병원 직장 선후배 분들께도 감사를 드립니다.

둘째 사위 양현준은 4남매의 큰아들로 부모님과 남동생과 쌍둥이 여동생을 잘 지켜내는 멋지고 든든한 아들이고 형이고 오빠였습니다. 성년이 되어서는 나라를 지키는 공군인이 되었습니다. 이제 결혼을 하여 남편으로 꽃피는 봄에 출산하게 될 아빠로 처가의 어르신들과 위로 형님네 내외와 처제를 잘 보호하는 참된 어른으로 역할을 잘해 낼 것을 믿습니다.

민선이는 서너 살 때 그림을 그리면 그림이 살아서 재밌게 이야기하듯 그렸습니다. 성년이 되어서는 사람의 생명을 살리는 간호사가 되었습니다. 이제 결혼을 하고 시댁과 남편과 아이를 살리는 매우 중요한 일을 잘해 나갈 것이라 믿습니다.

제가 바라는 것은
첫째. 새로운 둥지를 안전하고 따뜻한 행복이 넘치는 가정으로 만들길
둘째. 양가 가족 두루 가족의 희노애락을 함께하는 가족 동반자가 되길
셋째. 늘 건강한 마음으로 주변에 감사한 사람이 누구인지 자주 돌아보길~
바랍니다.
그리고 우리 둘째 사위 양현준과 안민선에게 많이 사랑한다고!, 앞으로도 오랫동안 사랑하며 살자고, 이렇게 말해봅니다.
둘째 사위 양현준 사랑한다
둘째 딸 안민선 사랑한다
여러분 모두 감사합니다.

딸아 딸아 큰딸아!

내 큰딸로 태어나 잘 자라고 지금 잘살고 있어서 고맙고 감사하다.
예정일보다 보름이나 빨리 태어난 너를 맞이하기 위해 온 방안을 청소하고 야간 조명을 설치하고 연탄 때던 방안에 바람 들어오지 않게 구석구석 바람을 막고 다니던 아빠도 온 힘을 다해 첫딸을 사랑으로 맞이 했었지. 그리고 동생들이 하나둘 태어나 너는 큰딸이 되어 버렸고 큰언니가 되어 때로 큰언니 큰딸이 하기 싫고 서러워 울던 때도 있었지.

음성여고 에이 라인 남색 교복 치마와 고동색 나비넥타이하고 학교 가는 우리딸이 세상 그렇게 예쁠 수가 없었지. 저렇게 예쁜 딸이 어떻게 내게 왔을까. 꿈인가 싶을 때도 많았지. 세월이 흘러 사범대 교생 나갈 때 청주 백화점에서 예쁜 역사 선생님 딸을 생각하며 원피스 사줄 때 엄마는 너무너무 행복했지

또 내 나이 마흔아홉에 양쪽 무릎 수술하고 누워있을 때, 눈이 크고 키가 크고 선한 경재와 파프리카 한 자루를 사 가지고 인사 오던 때, 노은 아버지 밭에서 검지 손가락 맞잡고 샐샐 웃던 때, 향애원 뒷동산 코스모스 활짝 핀 사이로 수줍은 깔깔댐이 예뻤던 그때, 더 이상 딸의 밤늦은 귀가를 걱정하지 않아도 되었을 때,
든든한 우리집 큰아들로 와준 첫사위를 맞이하던 그때.
큰이모 결혼식 날 결혼식보다 몇 시간 먼저 꿈결같이 선물로 와준 우리 첫손자 하준이. 그리고 어느새 우리 큰딸이 돌잡이 아기 엄마가 되었네.

일곱

오며 가며 종종 아버지를 들여다봐 주고 여섯 동생들과 잘 살아내느라 애쓰는, 나의 자랑 첫째 큰아들인 오빠.

집안일과 집안 사정 형제들 마음 돌보고 글을 잘 쓰더니 시인이 되어 시집도 내고 제 엄마 솜씨 따라 나물 반찬 잘해 주는 둘째 큰딸인 언니.

머리가 좋아 제 친구들을 가르치곤 하더니 교장 선생님 되고 조부모와 제 엄마 집 해마다 예쁘게 풀 깎아 주는 넷째 셋째.

고등 졸업 후 방통대로 중국어 선생님으로 교수로, 목소리도 얼굴도 마음도 이쁜, 이삼일마다 나의 안부를 물어주는 다섯째.

큰마차 산골에서 다섯 살에 한글을 읽고 쓰더니 지금껏 영어로 먹고사는 것 보면 참으로 대단하고, 바삐 살다 먼 길 마다 않고 와주는 여섯째.

유난히 말을 잘해 별명이 말단지 생각단지, 그늘진 아이들 돌보는 일이 행복하다는, 처음 보는 음식을 잘 사 주는 일곱째 막내.

각자의 자리에서 열심히 제 몫을 하고,
짬을 내어 서로 마음 써주는 일곱 남매가 다 고맙다.

엄마

이 땅에서는 만날 수 없는 엄마
나도 친정엄마 된 지 오래, 장모님이라는 이름이 붙은 지 한참, 외할머니로 불린 지 한참 되고 보니 엄마가 보고 싶어

엄마, 미안해요.
아버지 생각해서 엄마 생각해서 집을 고치려는 마음보다 새끼들 손자 생각하는 마음이 더 커서 아버지 집을 수리해요 우리 아버지 형제들 새끼들 손자들하고 잘 지낼게요

그리고 있다가 있다가
다음에 다음에
잘 있다가 만나요~~

여수 밤바다

결혼기념일 겸 남편 환갑여행을 여수로 정했다.

무재미가 재미인 둘의 하루, 오동도 한 바퀴 돌아 여수 밤바다가 보이는, 뷰가 좋다고 막내딸이 예약해 놓은 호텔에서 늦은 저녁 쉴 참에, 술 한 잔 걸친 동생한테서 전화가 왔다. 특별한 일 없으면 교장 될 거라고, 교장 연수 들어간다고 그래 축하한다, 고맙다, 애 많이 썼다. 호텔 앞 바다에 나가서 여수 밤바다 노래를 듣는다. 교대 졸업하느라 유리공장, 벽돌공장, 보석공장, 명동성당 근처 신문 배달, 봉제공장 시다, 붕어빵 장수, 양말팔이, 칫솔팔이... 하루 한 끼 먹는 것도 허구한 날들을 잘 살아 낸 동생 생각에 한줄기 감사의 눈물, 여수 밤바다 노래를 듣는다.

*여수 밤바다 - 장범준 노래

시아버지의 라떼는

지금 계절이 언제예요?
'지금 가을이잖유? 추수 할 때지유.'

벚꽃 복숭아꽃 흐드러지게 피어있는 맹동 통동재 넘어오는데 맹동 이정표를 보시더니 맹동으로 해서 덕산으로, 장호원으로 해서 이천으로, 괴산으로 해서 문경으로 소 장사 다닐 때 밤새도록 걸어가서 소죽 멕이고 팔고 그랬다고, 항상 칼을 옆에 가지고 다녔다고, 소도 들짐승도 사람도 언제 위험할지 모르는 그 길을 그땐 무서운 게 없었어. 허허 참~하신다.

치매 약을 받아 들고 오는 구순의 노인.
시아버지는 그때가 가장 힘드셨을까

손자

하준아~
하준아~
원하준~~^^
아이고 이뻐라~~우째 이래 이쁘까!
해바라기처럼 웃는 기 참~ 이쁘다야
이기 뭐이 이런 기 어데서 왔쓰까! 참 신기하지!
엄마가 했던 말 그대로 하고 있는 나를 본다

하준아!!
네 엄마도 너처럼 예쁘다 예쁘다
사랑하며 불러주던 외할머니가 있었단다.

어린이날

엄마가 열다섯 손자 손녀에게 이만 원씩 주신다.
느들 키울 때는 어린이날만 기다렸지. 고추 4단 담배 4단 비니루 씌울라고,
넷째는 비닐 잡고 밭고랑 첫머리에서 끝까지 계주선수처럼 뛰고
다섯째 여섯째는 중간중간 비닐 잡고
둘째랑 셋째는 호미로 흙을 덮고
일곱째는 아직 엄마 등에 업혀 있고
첫째는 영월 시내서 할머니랑 살며 고등학교 다니고 그랬다.

세월이 지나 손자들을 보니 우리를 어린이날 일 시킨 게 그래 마이 미안하드라고, 니들이 다시 언나가 될 순 없잖아! 그러니 우터하나 손자들한테 해야지.
그래서 엄마가 살아 꿈저거리는 동안은 그래 할기여.

그 마음을 가슴으로 감사로 사랑으로 받았다.

딸들에게 미안한 게 많은 나도 손자가 둘 생겼다.
엄마가 손자들 볼 때마다 우떠 이런기 어데서 왔으까? 기맥히잖나 까꿍!!!!
나도 손자들 볼 때마다 우떠 이런기 어디서 왔으까? 기맥히잖나 까꿍!!!!ㅎ

그 시절의 블루스

초등 때는 부모님 품 안의 블루스
십 대에는 또래 친구들 교복 대신 작업복 블루스
이십 대는 못다 한 중고등을 이년 간 새벽 전철과 학원 블루스 그리고
짝, 분신들 셋 블루스
삼십 대는 나의 짝과 분신들 싹 틔우는 애끓는 블루스
사십 대는 애끓는 블루스가 더 꽃피우는 블루스
오십 대는 짝과 분신들의 블루스가 잘 지나와
꽃노래 블루스가 시작되었고
예순의 지금
또 새롭고 더 아름다운 블루스

상처 그리고 흔적

작년 여름에 각회리 시골집이 생겼다, 가끔 손님맞이도 하고 나도 잠시 잠시 쉬는 곳이 되었다. 지난해는 너댓 또는 여나뭇, 어쩌다는 한 스무나뭇, 제각각 요량으로 쉬어갔다.

해가 바뀌어 뒤뜰이 비탈이 심해서 이렇게 저렇게 돌을 쌓고 흙을 파고 하는데, 쉰 해도 넘었을 소주병들, 항아리 조각들이 많이도 나온다. 이 조각들이 이 뒤뜰에 묻힐 때마다 사연도 같이 묻었을 그 여인 지금은 팔순의 꼬부랑 할머니 할아버지가 젊어 시내만 돌아다녀서 많이 힘들었어요.
흙을 보면서 할머니는 영감님 저녁 차려야 한다고 지팡이 짚고 꼬부랑 꼬부랑

초대장

이유 : 안정국 환갑
날짜 : 2월24일 오후 5시
주소 : 음성군 사정리
장소 : 스완

고민하다 알립니다.
오심 고맙고 안 오심도 못 오심도 부담 갖지 않으셔도 됩니다.
딸들이 몇 년 전부터 적금 들었다고, 주·야간 뷰가 멋진 곳을 예약했습니다.

 부족하고 부족한 애들끼리 만나 살며, 애들 낳고 키우고 결혼시키고 손주 보고 하며 부대낀 지 39년 차, 안정국이 행복한 추억 하나로 남은 인생 살면 그것도 또한 괜찮고요. 장모가 남편한테 마음 쓰는 것을 보며, 사위들이 제

아내들도 그럴 거라는 마음으로 마음을 녹여가며 살았으면 하는 마음도 있고, 친정아버지에게 환갑 생일상을 차려주며 딸들의 마음이 조금이나마 가벼워지길 바라는 친정엄마 된 마음도 있습니다. 환갑상 받는 큰아들을 보시며 시부모님이 좋아하실 것 같아서 그렇게 결정은 했습니다.

 늘 사는 일로 복닥복닥 염려를 끼치며 살았고, 잘한 게 별로 없어서 초대할 면목이 없긴 한데, 아버지가 걸리긴 꼭 걸려서 전화를 드렸더니 '누가 데려가면 따라가고 안 데려가면 못 가고 그렇지 뭐' 하십니다.

 39년 차 형제로 살았는데 말도 없이 지나가는 것도 걸리고, 행복하게 초대하고 행복하게 오가면 되겠지요. 그리고 또 칠십을 넘기는 건 하늘의 뜻이라는 생각이어서 지금 밥이라도 한 끼 나누어 먹고, 먼저 가도 할 수 없고 좀 더 살면 또 그렇게 살고 그러다 또 헤어져도 할 수 없겠지요. 그런 마음으로 결정하였으니 올 수 있으면 알려만 주세요.

등이 따시한 남자

내 남자의 등은 참 따시다
내 나이 스물두 살 때 처음으로 내 등을 좋아한 그 남자
내 찬 배가 다 녹을 때까지 따시한 등을 내어주는 그남자

그 따시한 등이 가끔 바람이 들어 온전히 내 것이 아닐 때도, 영원히 내 것이 아닐 것 같은 때도 있었다

내일은 등이 따신 그 남자 환갑이다
오늘 밤도 내 찬 배를 다 녹이도록 따시한 등을 내어준다.
살다 살다 보니 서른아홉 해 째 오늘도 따시한 등을 내어주고 숨소리 푸우 푸우~~

벌초하는 날

오빠랑 남동생이 엄마 집 풀 깎아 단장하고
난 아버지 집 쓸고 닦아 단장하고
엄마 솜씨 따를 순 없겠지만
안반에 홍두깨로 칼국수 밀어
된장 고추장 풀어 장칼국수 한솥

맛나다고
엄마가 해 준 맛이라고
오랜만에 맛있게 먹었다고

코스모스 생일

가을 오후, 낮볕에 수수하게 핀 코스모스
올해도 참 예쁘네가 예순 해

스무살 머시매는 작은마차 큰마차 두 재를 넘어오는 길가
억새 갈대 코스모스 한아름 꺾어 안고 스무 살 동창 여자애를 찾아 왔다

야 이거 받어, 니 줄라고 오다 꺾어 왔어
마음에 담아 온 말은 또 스무 해가 지나서 들었다

그리고 또 스무해가 지난다
연분홍 연보라 진보라 코스모스가 환하게 피면
하얀 피부에 수줍게 웃던 모습이 떠오른다

여수

꽃피는 춘삼월에는 짝꿍 환갑여행으로
단풍 든 가을에는 대학 졸업여행으로
눈 오는 겨울에는 사업 비지니스로
올해에 어쩌다 세 번째 여수에 왔다
어쩌면 더 자주 오고
더 사랑하겠다
나는 더 어른이 되었으니

그랬다는데

아버지 어데 가고 싶은 데 없어?
없어. 저 어데 가자는 걸 안 간다 그랬어.
어데를 가는데?
몰러. 아무데래도 걸어댕기는 거 힘들고 누 부축을 받고 그래는 거 피달시루워
나하고 둘이 감 안 걸어댕기고 같이 가두 괜찮지.
아이 가구 쉬운데 없어.
그럼 머 먹고 싶은 건 없어? 아버지하구 둘이 가서 먹구 오게
먹구 수은 것두 없어
먹구 수운기 없어?
없어.
맨날 이래 아무따나 먹으니 좀 좋은 걸 먹으루 가 보까 하구
됐어. 집에여 먹는 기 질 나

아버지

아버지 사십대 시절에 담뱃짐 지고
하루에도 열댓 번씩 산등성이 오르내리시던 거
여름에 담배 말린다고 잠도 제대로 못 주무시던 거
민박한다고 부추 판다고 등골이 휘도록 일하신 거
지금도 생각하면 나는 눈물 나

아버지라는 존재로 나한테 고마웠던 인연
그걸로 족하고 그런 마음으로 마지막 가시는 길 보내드리고 싶어

아버지

아버지 덕에 태어나고 자랐다. 사랑이어서 좋았다. 내 아버지여서 좋았다 내 아버지여서 고마웠다. 내 아버지여서 감사했다. 내 아버지가 많이 늙으셨다. 언제 올지 모르는 그날까지도 이 마음이 이어질 수 있기를

이 사랑이 식을까 애달프다.

아! 백두산!

여행지가 백두산이어서, 동행이 강동인이어서, 연길항에 내려 첫날 여행지 두만강, 윤동주생가, 한복원 구경할 때도. 내일은 백두산에 간다는, 내 생에 백두산에도 가본다는,
온전하지 않은 내 무릎에 자신이 없어, 1,442개의 계단을 도전해야 할까? 가마꾼의 힘을 빌려야 할까 행복한 흥분으로 날이 밝았다. 그런데 이튿날 못갔다 비가 와서, 사흘째 또 못갔다. 비가 와서, 밤새워 내리는 빗방울 수만큼 마음은 백두산 천지연에
산에 산에 백두산에
산에 산에 백두산에
눈에 넣어 담을 수 있는 어느 후일을 기약한다.

정학봉

연길항 내려 만난 여행 가이드 정학봉
중국에서 부르는 조선족이라는 이름으로
연길시에 모여 살아 연변족이라는 이름으로
연변 말투로 안내를 시작한다.
군사기지 연길항
북이 바라보이는 두만강
스물여덟 살에 작고한 윤동주 생가
한복을 입고 즐기는 한복원
5D로 보는 중국 절경
그는 각국의 역사를, 사회를, 관광지를 정말 잘 아는 사람이다.
내가 아는 중엔

올 추석

어쩌다 맏며느리 어쩌다 같이 산 지 이십 년
시아버지가 치매 초기다 시어머니의 손길이 분주하시다
와중에 나도 바쁘다
큰딸네 작은딸네 막내딸
시누이네 시누이 딸네 큰시동생네
작은시동생 짬 내서 친정까지

그 옛날 장화동 외사촌 올케가
시할아버지가 곧 먼 길 가실까
온 집안 온 동네 사람들이 하도 와서 힘들다며
아궁이 불을 때던 생각이 난다.

두 아기

영감님 드시라고
녹두 넣고 폭 끓인 닭죽을
구십 살 시아버지도 드시고
두 살 손자도 먹고

구십 살 시아버지도 문턱을 네발로 넘고
두 살 손자도 문턱을 네발로 넘고

지금은 손자가 기저귀를 차고 있고
나중 일은 나중에 생길 거고

오소! 오소!

동국대라는 이름으로 만난 인연들
각회리 시골집에서 만나는 날

내가 농사지은 옥수수 한솥 삶아
마당 가마솥에 삶아 만든 닭발에
권커니 잣커니 소주 한 잔 맥주 한 잔에
오늘 밤 너와 나 우리들
인생 동지 시절 인연 이야기 한판 놀아 봄~세

어서 오시게

편지

홍정애 애쓴다.
열네 살 받자마자 혼자 서울이라는 동네로 애보개 하러 가서 애 보고 청소하고 밥해 먹이고 빨래해 입히고 쫓겨나듯 공장살이. 공장은 딱 닭장 같았어. 오밀조밀 가득 들어앉아 저마다 재봉틀 하나씩 차지하고 키 큰 사람은 허리를 펴고 일어설 수도 없는, 키 낮은 천장 옆 사람이 안 보이도록 쌓여있는 일감. 수다 떨 새도 밥 먹을 새도 없이 바쁜 손놀림들. 그만치 사느라 얼마나 힘들었을까. 쥔 내외는 날마다 싸워대고 도망갈 데도 피할 데도 없이, 그 집 어린애를 데리고 한쪽에서 무섭고 싫고 겁나고. 몸 잘 데리고 살아. 그 몸도 너하고 사느라 애 마이썼다. 이렇게밖에 못 키운 부모를 다 이해하고 사랑하며 고맙다고 하는 홍정애 생각

서울살이

키가 다른 연필 세 자루, 지우개와 도루코 칼,
전 재산 필통을 셋째에게 물려주며 한없이 울었다.

내일이면 나는 서울로 가야 한다.
느릅재 넘어가는 길에 눈발도 흩날렸고
열네 살의 봄은 춥고 무서웠다.

예순의 나는 한강을 보며 올림픽대로를 달려 강남에 내 회사로 출근을 즐긴다.
서울살이 이만하면 잘살아 왔다. 수고했다 홍정애

편지

정애 대학교 졸업한다는데
정애가 졸업장 자랑하게 아버지 적어도 삼 년은 건강하셔야겠네 했더니 좋아하시네. 정애가 저렇게 좋아하니 아버지는 참 좋겠네 했더니 얼굴이 환해지시네.
요새는 자주 안 보이는 함박꽃 웃음

새벽길

가을 새벽안개 속, 잠 덜 깬 눈 비비듯 와이퍼가 바쁘다.
오송역 SRT에 몸을 실어 잠시 쉬듯 광주 송정역으로 세정 아울렛으로, 오늘 만나는 이들도 새벽길처럼 잘 모르는 마음으로 만난다. 그들도 나처럼 보수 공사 중인 저 길이, 얼마지 않아 포장될거라고 믿겠지. 그들도 나처럼 어스름 새벽안개 길을 지나면 날이 밝는다는 믿음으로 오겠지. (돌아오는 길은) 야간 도로보수 공사 중인 중부고속도로, 조심조심 자정이 넘는다.

딱지

뽕뽕

오른쪽으로 서세요.

경찰 둘이 앞뒤로 붙었다.

뭘 잘못했지요? 우회전 하는데서 우회전 했는데요.

우회전 신호위반 하셨습니다.

우회전 신호등도 있나요?

요즈음에 많이 생기고 있습니다. 벌금 6만원이고 벌점 15점입니다. 안전운전 하십시오.

뽕뽕

어쩌다 대학생

여섯 자식은 대학교를 졸업했는데 사는 일에 골몰해 대학교 갈 엄두를 못 내는 딸자식 하나
아버지 전문대 입학했어요
그거 참 잘했다
다음 봄엔
아버지 전문대 졸업했어요. 4년 마무리 잘해보려고요.

대학교 졸업장 없던 둘째 딸 졸업하는 날까지
거운리서 한강까지 뗏목으로 갖은 몸노동을 다 해 삶을 헤쳐 나오신, 우리 칠남매의 이정표이신 아버지
4년 졸업했다고, 참 잘했다고 칭찬해 주실 그때까지 건강하게 살아계시길

두 애기

우리 손자 수호는 예뜨랑어린이집 가고
앞집 할머니는 명품 주간 노인 보호 센터에 가고

우리 손자 수호는 며칠간 외할머니인 내가 보내고
앞집 할머니는 칠순 아들이 보내고

아기가 태어나면 온마을이 아기를 기른다더니
늙어지면 온 나라가 돌본다.

집수리

삼십 년 전 시어머니가 설거지해서 번 돈으로 지은 집
어머니의 세월을 함께 살아온 이젠 어머니처럼 늙어버린 집

시부모의 하늘 가시는 날까지, 남편과 내가 어머니처럼 늙고 낡아질 때까지,
이 집에서 자식 손자들 기다리며 살리라고 광고업해서 번 돈으로 다 고쳤다.

너무 좋다 너무 좋다 고맙다 애썼다 하시며 어머니가 집 지어 입주할 때 느낌인 듯 어머니 방 불빛이 온밤 새워 밝다.

주민등록 생일날에 협심증 진단 받다.

오늘은 절대 물을 먹이지 말라는 의사의 말을 듣고 외할머니가 업고 올 때, 동강 다리 아래 흐르는 물을 본 말도 못 하는 아기가 외할머니 어깨를 물어뜯으며 물을 달라고 죽을 둥 살 둥 울어서, 낯선 집에 들어가 물 한 바가지를 얻었다는데 물을 반 바가지나 먹고 집에 오도록, 업혀서 숨기 없는 아기에게 마음 졸인 외할머니가
야이야, 야가 자나 봐라
야이야, 야가 자나 봐라
자요
자요
자요
그렇게 푹 자고는 그냥 나왔다는데
외할머니 환갑날 피를 분수처럼 토할 때도

피를 다섯 시간씩 흘리며 쌍둥이 조산할 때도
갑상선 기능저하증 민선이를 업고 한 해 넘게
골반 탈골을 세 번씩 하며 민혜 태어날 때도
마흔아홉 겨울에 양쪽 무릎 수술할 때도
환갑 전에 너 시집 보내면 엄마는 마음대로 날아다닐 거라고
몇 년 전부터 막내딸한테 했던 말

오늘은 예순 살 주민등록 생일날,
생일 축하 메세지가 카카오로 마구 날아온다.

오늘도 옛일이 되겠지! 노란 맥심 커피 한잔하고 눈물 닦는다

편지

정애 학우님,
정말 감동적인 글 잘 읽었습니다.
어린 시절의 두려움과 추억, 그리고 서울에서 성공적으로 자리 잡기까지의 여정을 담아내신 모습이 참 인상 깊습니다. 이제는 스스로에게 '수고했다'고 말할 수 있는 그 마음이 얼마나 값지고 귀한지, 가슴 깊이 공감합니다. 정말 수고 많으셨습니다. 앞으로도 지금까지 쌓아온 그 열정과 노력을 바탕으로 더 많은 일들을 이루시기를 바랍니다. 항상 응원하겠습니다.

오인환 교수 드림

교수님의 제자여서 감사하고 감사한 저녁입니다.

제자 홍정애 드림

나주

사람 다리 여덟 목발 다리 여섯
나주로 오는 차 안에 사투리가 정겹다

복탕 전골 저녁 식사와 하루 쉬어가는 숙소
김장 김치와 봉지 담아주는 제주에서 온 귤
아침 같이하자고 나주 백반
죽순 고사리 아이스박스 한가득

마음이 흐르는 곳에 또 다른 마음들이 합쳐 흐른다

완사천 아침

지난밤 아픔을 쉬어가는 이들의 동행에 하룻밤 묵은 모텔의 따뜻한 매트와 안마의자가 나의 하루와 그간의 마음을 쉬게 해주다. 낯선 완사천 역사와 공원의 아침 쌀쌀함이 짜릿하다. 여기서 해남 땅끝마을에 간다. 땅끝마을에서는 무엇을 보려나 담으려나. 동행. 누군가의 동행. 내 동행은 내가

해남 바닷가모텔

 바닷가가 보이는 오래 된 바닷가모텔
 등을 지지고 무릎을 지지고 생각의 연결에서 꿈을 지지하게 꾸며 날이 밝아 해가 떠올랐다. 서운함과 서러움과 이 모든 것들은 어디에서 온 걸까
 커트머리 단정하게 스프레이 뿌리고 다홍색 루즈 바르고, 노란 맥심 커피 한잔하고 오늘은 명사십리나 가볼까

막내가

바닷가가 보이는 해남의 모텔에서 등을 지지고 무릎을 지지며, 노란 맥심커피 한잔에 서운함과 서러움을 삼켰다는 짜근니.
앞만 보고 남만 보며 부지런히 가는 짜근니
오늘은 단양에서 노란 맥심 한잔 들고 온라인 건배
이제
나도 보고 뒤도 보고 강산도 보고, 가까운 길도 먼 길도 시나~미 가잔다

김장

힘들다고 딸이 김장하지 말라고
맛없다고 아들이 김장하지 말라고
알았다 알았다 어머니는 말로만

어머니는 벌써 지금부터 마늘을 깐다
나는 또 배추를 사겠지

세 번째 백년손님

뉘 집 귀하디귀한 아들이 우리 집 세 번째 백년손님으로 왔다
애면글면 열심히 키운 손에 선물 들려 보낸 마음

솜씨에 마음을 담아 한 상 차렸다. 온전히 그 아들을 위한 한상은 오늘뿐일 테니 앞으로 있을 날들은 다른 이유로 모이는 날들일 테니

나의 거울

 어린애들 부모 노릇은 그냥저냥 했는데 새끼들에게 짝이 생기면서 어른 부모 노릇이 더 어렵습니다.
 자식은 많은 아는 사람 중 쪼끔 더 친한 사람이라고 생각하면 되고 자식은 내가 아플 때 한 번은 더 들여다봐 줄 사람이라 생각하면 부모자식간에 아무 탈이 없는거라는 아버지 말씀이, 세 딸 여섯의 부모 노릇 하는 저를 비춥니다.

한국인의 밥상

동강 하면 뗏목이 있고 뗏목 하면 살아있는 마지막 뗏사공 홍원도, 우리 아버지가 한국인의 밥상을 찍는대서 응원차 갔다. 연한 명아주 잎을 바짝 말려 두었다가, 끓는 물에 넣었다 건져 꼭 짜서 고춧가루 파 마늘 간장 들기름 넣어 조물조물, 무 꼭지 기름 솔로 들기름 둘러 얇게 부친 메밀 전위에 명아주 묵나물 고명을 넣고 돌돌 말아 언니가 만들어 준 따끈한 메밀전병 한입을 베어 문 순간 피디가 물었다. 맛이 어떠세요?
엄마 보고 싶다고
말을 잇지 못하고 눈물이 글썽, 목이 꽉.
본 방송에도, 특집에도, 설 특선에도, 700회 특집에도 이 장면이 나왔다. 많은 사람이 봤다고, 봤다고 한다. 열심히 살아 내신 아버지의 뗏군의 삶과 거칠게 굳세게 살아 돌아와 친정엄마를 그리워하는 내 모습이 한국인의 밥상에 잘 맞았나 보다.

달력

회사 달력을 맞췄다.
설이어서 프리랜서 팀원들에게 알밤 선물 세트와 달력을 드렸다.
팀원에게 달력을 가져가랬더니 알밤 선물 세트만 들고 간다.
달력이 무거워요!

친정에 갔다.
어떤 형제는 가져가고 어떤 형제는 달력 걸 데가 없단다.
아버지는 달력을 보시더니 달력 더 있느냐고, 회관에 가서 자랑도 하고 보라고 걸어 놓겠다신다. 시아버지는 달력을 보고 씨익 웃고 휘청이는 걸음으로 의자 놓고 콘크리트 벽에 못 박아 달력을 걸어 놓으셨다. 세상 무뚝뚝 남편이 홍정애 대단하다 멋있다 한다. 달력에도 촌수가 있다.

졸업장이 필요하다

졸업장이 필요했다. 스무살 여름부터 두 해 동안 팔월의 태양보다 뜨겁고 동지섣달 칼바람보다 더 치열하게 새벽을 달려 검정고시로 중고등 졸업장을 받았다. 또 졸업장이 필요하다. 월 화 야간, 눈 부릅뜨고 환갑에 강동대학교 3학년 재학 중이다. 중간고사 포인트를 짚어 주시는 교수님 열정이 감사하지만 오늘은 되다. 그래도 졸업장은 꼭 받으리라 두 손 불끈 힘이 들어간다.

연두연두

꽃이 피었다. 꽃이 졌다. 꽃이 진 자리도 하얀꽃 가득 핀 조팝꽃나무도, 먼 산도 앞산도 가로수도 연두빛이다 내 주머니도 회사 주머니도 연두연두 해지도록
오늘도!

전우애

한솔 테크닉스 입사라는 이름으로 맺어진 직장동료 십 년 인생 동료 이십 년. 졸지 않으려고 눈 아래 물파스 바르던 친구, 야간근무 밥보다 잠이 더 좋아 동편 휴게실에 너의 등 나의 가슴 닿아 굴비처럼 쪽잠도 청해보고, 명절 이벤트로 냉장고도 세탁기도 타고, 출근길 도착한 버스에 심근경색으로 내리지 못한 귀옥언니 ,회사 마당은 늘 다양한 이야기들이, 청춘들이 꽃같은 세월을 울고 웃었던 전우애가 그리워서 다시 모였다

뭐 하고 지내느냐고, 아픈 데는 없느냐고, 우리 딸 결혼에 와주어서 넘 고맙다고, 네 아들 결혼할 때 부르라고, 부모님 효도 여행, 아이들 방학 여행, 아이들 학교 등록금 다 해결했던 그 시절을 우리는 이구동성 말한다. 한솔 고맙다고, 애들 잘 길러냈다고, 전우애로 다시 만난 인연들 건강하게, 오래오래 자주 자주 만나서 나는 팔십이 됐어. 너는 언제 칠십이나 됐니? 서로 물어주며 살자고

오래된 애도

 쌍둥이를 하늘 보내고 십 년 가까이는 가슴에서 꺼내어 소리 없이 조차도 울지 못하였다. 그리고 또 십 년이 지날 즈음에 이제 내가 마음속으로라도 꽃노래를 불러 단 한 번도 보지 못한 이 아이들을, 땅에서 마음 깊은 곳에서 하늘 저 높은 곳으로 보내야겠다고 입 밖으로 꺼내 말하기 시작했다.
 그리고 또 십 년쯤 지난 즈음, 뭘 좀 본다는 사람들이 말했다. 옷 한 번 입어 보지 못하여 춥고 젖 한번 먹어 보지 못하여 배가 고픈 쌍둥이를 나의 마음속 꽃노래를 들은 친정엄마가 좋은 곳으로 데려갔다고.
 언제인가 혹여 만나게 될 쌍둥이에게 미안하다고 사랑한다고 보고 싶었다고 말 할 수 있기를.
엄마, 하늘에서도 애끓는 둘째 딸의 마음길을 찾아주고 달래주어서 고마워요

엄마 보고 싶다

일흔으로 가고 있는 오빠도, 굽은 나무가 마을 지킨다는데 끝까지 아버지 옆을 지키는 언니도, 보고 싶다. 나는, 칠남매는, 우리는 언제까지 이렇게 달리기하듯 살아갈까나

큰언니

 섣달 스무날 저녁 먹고 난 후 태어났다는 언니. 위로 오빠가 있고 사 년 뒤에 내가 태어났다. 오빠는 아들이라고 여동생은 늘 아파서 언니는 약한 기운을 가지고 태어났지만 위 아래로 응석도 못 부리고 동생들이 다섯이나 되었다. 언니도 아기 때가 있었고 어릴 때가 있었지만 늘 큰언니였다. 동생들과 동생 친구들 동네 아이들, 우리 집은 늘 아이들이 많았다. 가마솥 한가득 해 주는 찐빵, 김치 다져 김치만두, 부추 넣어 부추전, 옥수수와 콩을 삶아 만든 옥수수 콩당숙, 감자와 밀가루 반죽이 잘 어우러진 감자 붕세이, 수수쌀 반죽 들기름에 구운 수수 노치, 명아주 묵나물로 명아주 전병, 질시루에 찐 11곡 찰밥, 언제나 맛있는 무언가가 언니 손에서 만들어졌다. 라디오 듣다가 아나운서하고 싶다, 동화책 보다가 동화 쓰고 싶다, 간호사나 군인이 되고 싶다는 생각도 했다는 큰언니. 언니가 쓰는 글들은 늘 예뻤다. 언니의 글솜씨가 늘 부러웠다. 언니는 같은 것을 보아도 마음을 다독이는 생각이

나온다.

숨죽여 매일 들어도 재미있는 찬시 이야기, 시집간 손주 딸을 언덕 위에서 바라보다 할미꽃 된 이야기, 시어머니한테 설움 받다 이죽을 한 번도 못 먹어 보고 죽은 며느리가 이죽알 매미가 된 이야기.

공기놀이 팽이 제기 고무줄 굴렁쇠 비료 포대 눈썰매, 키득 키득 까르르 까르르 속에는 큰언니의 동생들을 위한 애씀이 있었다, 큰언니가 동생들에게는 최고의 든든함이었다. 세월이 지나 지금은 최고의 고마움이 되었다. 지금은 홀로 계신 친정아버지를 또 큰언니가 함께 해주고 있다. 글을 잘 쓰고 사람 마음을 잘 알아주는 큰언니는 <<영월, 아리랑>> 시집을 냈다.

 우리 집안 마음을 다독이며 글로 풀어내는 언니, 고마워

둘째 딸이

둘째 딸이 사 남매 중 큰아들한테 시집을 갔다. 바로 아래 남동생과 쌍둥이 초딩 시누이를 혼자 키워 가고 있는, 아직 너무 젊고 예쁜 꽃각시 시어머니와 인연을 맺고 우리 어머니가 너무 좋아 어쩌구 저쩌구를 서너 해 하더니 근데 우리 시어머니가 어쩌구 저쩌구 한다.
 딸아 나도 그랬다 여전히 그러고 있고
 이번 어버이날에 다녀왔다고 어쩌구 저쩌구
 그래 그래, 참 잘했다

면 면 면 하다가

큰딸 유치원 졸업식 끝나고
둘째 딸 초등학교 입학만이라도
막내딸 초등학교 졸업하면
큰딸 대학교 결정되면
둘째 간호대학 졸업시키면
막내딸 원룸 전셋집 이사시키고 나면
큰딸 작은딸 시집 보내면
큰딸 아기 낳으면 작은딸 아기 낳으면
지금은 막내딸 시집 보내면
아버님 돌아가시면 이혼해 보리라

면, 면, 면이 40년이다
또 어떤 면, 면의 이유로 살고 있을 미래가 궁금하기도 하다
놓지 못하고 붙들고 사는 인연

그러면 저러면 하지만 엄마는 아빠를 좋아하는 거 맞아!
딸이 내 면들을 한칼에 정리한다.

순진하게

 스물아홉 시월 열이틀이 생일인 음성 총각과 스무한 살 동짓달 열이틀이 생일인 영암처녀가 섣달 열이튿날 혼인식을 했다. 충청도는 남자가 다 일하고 여자는 안에 일만 하는 안사람이라는 중신애비 말을 믿었다.
 남자는 아무것도 가진 게 없었다. 아들 낳고 딸 낳고 또 아들을 둘이나 더 낳았다. 젖먹이는 시어머니가 맡고, 돌을 이고 나르고 번데기 공장으로 들로 산으로 남의 밭으로 남보다 더 벌어야 했다. 조카가 너무 예뻤는지 정월에 갓난아기를 뒷동산에 안고 가서 혼자 보는, 모자라기도 한 벙어리 시누이에게서 애면글면 아들을 지켜냈다.
 초가집 하나도 내 집이 아니고 벙어리 시누이 있다는 말도 못 듣고 충청도 남자는 마누라를 엄청 아껴 준다는 말에, 일하기 싫어 일 안 하려고 시집온 자기 탓이라 한다.

누울 자리

시아버지와 며느리로 사십 년, 같이 살기 이십 년. 최근 삼 년 또 지난 일 년은 보건소로 병원으로 약국으로 이웃들이 호출해 준 119 출동 앰블런스 경찰서...때로는 시련이었던 시절의 시간들을 병원동행 매니저 강의에 주 자료로 쓰면서 고맙고 미안하다. 이틀간 출장 마친 길에 삽교 수산 시장 가서 시아버지 좋아하시는 조개젓 명란젓을 사들고 현관에 들어서는데 방으로 손짓하신다. 기다렸다고, 산소 자리 알아보라고 이젠 안 되겠다고 뭐든 다 알아서 잘할 테니 걱정 안 한다고 시동생들과 잘 협의하라고 정석이 정환이가 안 온다고 본지 오래됐다고 정도 다 떨어질라는가 보다고 정순이 뭐에 서운했는지 안 온다고 세탁소가 봄이라 바빠서 그래 서운해서 안 오는 거 아니야 말해주고 산소에 간다고 중간중간 열 번은 말씀하신다. 이 말 하려고 이틀을 기다리신 시커멓고 얇아진 손을 잡고 눈물이 저 밑에서 올라왔다. 아버지! 아버지 드리려고 조개젓 명란젓 사왔어요. 맛있게 생겼드라고요 시동생들을 불렀다. 다녀가라고. 내 새끼들도 조카들도 불러야겠다.

좌구산에

치매 영감님 마음 길 몸 길 챙기다 지친 어머니
아이구 어디 바람 좀 쐬고 오면 좋겠어
엄마 나가자
잘 다녀오라고
잘 있겠다는 아버님 다짐을 듣고

좌구산에서 올라온 만큼 내려다보며 국화차 한잔
어머니 건배!

좋다
좋아요
여기 좋다 저기 예쁘다

여기서 찍자, 이렇게 하자
출렁다리 건너 하트 포토존에 다리를 맞대고 앉았다.

고맙다
나도 어머니가 고마워요
내 다리도 아픈데 어머니는 얼마나 고단하셨나요. 그 많은 세월 아들 딸 며느리 사위 손녀들 손자사위들 증손자들까지 마음 살피고 애써 주신 어머니가 너무나 감사합니다. 내가 장모가 되고 외할미가 되고 보니 더 가슴 저밉니다. 어머니, 사랑합니다. 언제일지 모르는 그날까지 동지처럼 친구처럼 잘 살아요.

자다가 깼다

 뭐 먹고 살겠다고 약을 그렇게 먹었냐구우 똑바로 걸음도 못하두룩 먹고 왜 그라능겨? 여기 잡어 여기 잡으라구 맨날 아주 못 살겠어, 약을 내다 버리던지 에미한테 약 못 타오게 해야지 안되겠어.
 새벽 네 시 오십 분, 어머니가 약 먹는 치매 영감님 붙들고 화장실 가며 야단을 치신다. 약 먹는 치매라 약에 취해 비틀비틀 볼일 보고 엉금엉금 기어 다시 눕는다. 사탕 사달라고 보채는 아이처럼 출근하는 며느리에게 두 손 조아리고 빌듯이
 에미야 약 좀 타다 다오
 약봉지를 보시고 젖 본 아기 마냥 환하다. 봉지 수가 많을수록 더 해맑다. 꽃이 피는 춘사월도 끝자락이다.

영숙이 장모되는 날

영숙이 장모 되네 축하해
장모 돼보니 좋더라
할미 돼보니 더 좋더라
영숙아 루미 지켜내느라 애썼다. 근데 루미가 널 지켜낸 것이기도 하지. 엄마들에게 자식은 긴 세월 살아 내는 힘이기도 하지. 젊고 신나는, 재미난, 행복한 장모 외할미 잘해 낼, 영숙이가 장모 되는 날이다.

폭삭 속았수다*

십여 년 직장살이, 때론 육체적으로 때론 상사와 동료들간 그런저런 일들에 네 편 내 편 되었던, 더 이상 직장동료는 아니지만 인생 동료 된 지 스무 해, 스무 해가 지나는 동안 우린 각자 너무 너무 폭삭 속았수다. 앞으로 또 얼마나 많은 날이 우리를 폭삭 속았수다 하게 할진 모른다.

은정 용숙 정애 명옥 태숙이 청주공항에서 자기 이야기가 담긴 다섯 캐리어 나란히, 느긋해서 좋은 제주 여행의 첫 아침에 만났다. 오일장, 삼방사, 난타, 그다음은 무엇이면 어떠랴. 어디면 어떠랴. 또 어느 때 다섯 캐리어가 어디로 가는 그날을 기다리며 출발.

*폭삭 속았수다-고생 많이 하셨습니다의 제주도 말

흉

어머니는 어머니 영감 흉보구 나는 내 영감 흉보구
오래 살긴 했나보다. 아버님 흉을 같이 봐도 편할 만큼 아들 흉을 같이 봐도
괜찮을 만큼~

근데 그 이상한 아들 누구 아들이에요? 몰러!
근데 넌 어쩌다가 저런 잔재미 없는 사람을 만났니? 몰러요!

가섭사 꽃각시길

걸어가는 발 뒤꼭지만 봐도 예쁘다 예쁘다 하던 시 작은아버지가 있었던 꽃각시는 아기 넷을 젖 물릴 새가 없었다. 아기들은 시모와 벙어리 시누이가 맡았다. 꽃각시는 간조 때 한 푼이라도 더 받으려고 고무신 신고 사과 궤짝 한가득 돌을 이고 지고 사과 궤짝 돌들이 가섭사 길이 되고 언덕이 될 때 꽃각시 머리 위에 돌들만큼 행복과 희망을 꿈꾸었겠지. 가섭사 십리 길은 꽃각시 발걸음마다 눈물길이었다. 그 꽃각시 어머니 눈물길에 나는 차로 휘잉 천년 고찰 가섭사 종각에 서서 내 마음길은 어디로 가야 하나. 많은 날들이 꽃각시 마음과 함께 하고 있다.

꽃각시는 이제 파뿌리 할머니가 되었다 물 찬 제비인양 걸음도 빠르고 살림도 윤이 나게 반짝반짝, 한결같이 천사의 마음결인 이연자 어머니 사랑합니다.

내 친구

 재 두 개를 넘어 십리 길 학교를 같이 다닌 그녀.
 서울서 공장살이 하다 잠시 내려와 큰오빠 가게 일 돕다 만난 홀시어머니의 아들하고 열아홉부터 칠 년을 살고 만 오천 원 들고 밤중에 집을 나왔다. 그러다 다섯 살 연하 남편을 만나 아들 둘 낳고 시아주버니 애들 둘, 친정 셋째 오빠 애들 둘을 중계동 임대 아파트서 복작복작 키웠다.
 삼십 대 시절은 그래도 연락을 종종했다. 사십 대는 가끔, 오십 대는 너무도 가끔 연락을 하다가 환갑이 되어 통화를 했다. 온몸에 서른 몇 개 흔적을 남긴 세 번째 남자와 헤어지고 그녀는 스님이 되었다.
파란만장한 그 인생
어제가 어제인 듯 오늘이 오늘인 듯 잘 마무리하길

충전

여보 여보 나 안아 줘 안아 줘 봐. 며칠째 몸이 너무너무 힘이 드네. 물방울 무늬 헐렁한 원피스 잠옷 속에 불쑥 나온 배 퉁퉁 부은 다리, 잠 덜 깬 몸을 뒤뚱뒤뚱
 자식이 같은 오래된 평생 친구. 새벽 일찍 외밭에 물 주고 들어온 남자가 씩 웃으며, 땀에 젖은 팔로 한아름의 아내를 양팔 가득 안아 준다
 됐어?
응 됐어
 에미야 추어탕에 밥 한 숟갈 먹고 나가거라
 네 어머니

건배사

음성에 살며 한국부인회 회원 된 지 몇 해

경주 불국사 부산자갈치로 1박 2일

자갈치시장 횟집 다양한 건배사들에 빵빵 터진다

횟집 사장님이 집 나오니 그래 좋습니꺼

사장님도 집 나가 보세요 좋아요

ㅅㅂㅈㄷ 내는 여 자갈치시장에서 몇 십 년 동안 한번도 못 나가 봤다

유쾌한 욕 한마디에 횟집 떠나간다

일루 오셔유 소주 한 잔 드리께유

내 건배사 한번 하끼예

내가 ㅅㅂ하면 언니야들이 ㅈㄷ하면 되는 기라예

ㅅㅂ

ㅈㄷ

동병상련

출판기념회에 입을 한복 예쁜 거 하나 고를까
고투몰 계단을 내려가다 마주한 그녀는
오른 다리 먼저 내리고 왼 다리 내리고 그렇게 한칸 한칸
나는 왼 다리 먼저 내리고 오른 다리 내리고
45도 기운 각도로 첫 번째 계단에서 마주쳐 서로 웃는다
당신도 무릎 수술 했군요 웃으며
계단이 무서워요
나도요~

수호와 할미 차

수호야 할머니 오셨네~
할미! 할미! 팔짝팔짝 까르르 해벌쭉
수호 선생님께 인사~ 안녕히 계세요
어린이집을 나온 수호가 차 앞에서 손짓한다. 할미 할미 차라고.

어느 날 흰 아이오닉5를 보고 할미 할미 부르는데 다른 사람이 내리니까
아니야 아니야 이거 아니야 울더라고

할머니 차를 참 좋아하는 수호
할미 차가 혹시 폐차를 하게되면
또 아이오닉5를 사야 하나~!

내 삶의 본전은 어디쯤일까

여태 어제인 듯 오늘인 듯 그리도 숨가쁘게 살았지만, 남은 게 자식들뿐이라고 한다. 남은 거 다 줘야 본전이라는데, 백합꽃 셋째를 내년 초록에 마저 주면 본전이 되나.
 시부모 자아알 모셔야 본전이라고들 한다. 언제일지 모르는 그날이 가까워지는 시부모, 자식 노릇 끝나면 본전일까?
본전 장사만 잘해도 된다고들 하는데

살며 살며

2025년 10월 1일 초판 1쇄 인쇄
2025년 10월 10일 초판 1쇄 발행

———

지 은 이 홍정애
펴 낸 이 강송숙
디 자 인 안디자인
인   쇄 안디자인
펴 낸 곳 오비올프레스

———

ISBN 979-11-89479-13-8

———

출판등록 2016년 9월 29일 제419-2016-000023호
주   소 (26478) 강원특별자치도 원주시 무실새골길
전자우편 oballpress@gmail.com

ⓒ 홍정애2025, Printed in Seoul, Korea
이 책의 판권은 지은이와 오비올프레스에 있습니다. 양측의 서면 동의 없는 무단 전재 및 복제를 금합니다.